TRANZLATY
El idioma es para todos
Jazyk je pro každého

La Bella y la Bestia

Kráska a Zvíře

Gabrielle-Suzanne Barbot de Villeneuve

Español / Čeština

Copyright © 2025 Tranzlaty
All rights reserved
Published by Tranzlaty
ISBN: 978-1-80572-074-4
Original text by Gabrielle-Suzanne Barbot de Villeneuve
La Belle et la Bête
First published in French in 1740
Taken from The Blue Fairy Book (Andrew Lang)
Illustration by Walter Crane
www.tranzlaty.com

Había una vez un rico comerciante
Byl jednou jeden bohatý kupec
Este rico comerciante tuvo seis hijos.
tento bohatý obchodník měl šest dětí
Tenía tres hijos y tres hijas.
měl tři syny a tři dcery
No escatimó en gastos para su educación
nešetřil náklady na jejich vzdělání
Porque era un hombre sensato
protože to byl rozumný muž
pero dio a sus hijos muchos siervos
ale svým dětem dal mnoho služebníků
Sus hijas eran extremadamente bonitas
jeho dcery byly nesmírně krásné
Y su hija menor era especialmente bonita.
a jeho nejmladší dcera byla obzvlášť hezká
Desde niña ya admiraban su belleza
už jako dítě byla její krása obdivována
y la gente la llamaba por su belleza
a lidé ji nazývali podle její krásy
Su belleza no se desvaneció a medida que envejecía.
její krása se s přibývajícím věkem nevytratila
Así que la gente seguía llamándola por su belleza.
tak ji lidé neustále nazývali její krásou
Esto puso muy celosas a sus hermanas.
to způsobilo, že její sestry velmi žárlily
Las dos hijas mayores tenían mucho orgullo.
dvě nejstarší dcery byly velmi hrdé
Su riqueza era la fuente de su orgullo.
jejich bohatství bylo zdrojem jejich hrdosti
y tampoco ocultaron su orgullo
a ani oni neskrývali svou hrdost
No visitaron a las hijas de otros comerciantes.
nenavštěvovali dcery jiných obchodníků
Porque sólo se encuentran con la aristocracia.
protože se setkávají pouze s aristokracií

Salían todos los días a fiestas.
chodili každý den na večírky
bailes, obras de teatro, conciertos, etc.
plesy, hry, koncerty a tak dále
y se rieron de su hermana menor
a smáli se své nejmladší sestře
Porque pasaba la mayor parte del tiempo leyendo
protože většinu času trávila čtením
Era bien sabido que eran ricos
bylo dobře známo, že jsou bohatí
Así que varios comerciantes eminentes pidieron su mano.
tak je několik významných obchodníků požádalo o ruku
pero dijeron que no se iban a casar
ale řekli, že se nebudou brát
Pero estaban dispuestos a hacer algunas excepciones.
ale byli připraveni udělat nějaké výjimky
"Quizás podría casarme con un duque"
„Možná bych si mohl vzít vévodu"
"Supongo que podría casarme con un conde"
"Myslím, že bych si mohla vzít hraběte"
Bella agradeció muy civilizadamente a quienes le propusieron matrimonio.
kráska velmi zdvořile poděkovala těm, kteří ji požádali o ruku
Ella les dijo que todavía era demasiado joven para casarse.
řekla jim, že je ještě příliš mladá na to, aby se vdala
Ella quería quedarse unos años más con su padre.
chtěla ještě pár let zůstat se svým otcem
De repente el comerciante perdió su fortuna.
Obchodník najednou přišel o své jmění
Lo perdió todo excepto una pequeña casa de campo.
přišel o všechno kromě malého venkovského domu
Y con lágrimas en los ojos les dijo a sus hijos:
a řekl svým dětem se slzami v očích:
"Tenemos que ir al campo"
"musíme jít na venkov"
"y debemos trabajar para vivir"

"a my musíme pracovat pro naše živobytí"
Las dos hijas mayores no querían abandonar el pueblo.
dvě nejstarší dcery nechtěly opustit město
Tenían varios amantes en la ciudad.
měli ve městě několik milenců
y estaban seguros de que uno de sus amantes se casaría con ellos
a byli si jisti, že si je jeden z jejich milenců vezme
Pensaban que sus amantes se casarían con ellos incluso sin fortuna.
mysleli si, že si je jejich milenci vezmou i bez jmění
Pero las buenas damas estaban equivocadas.
ale dobré dámy se mýlily
Sus amantes los abandonaron muy rápidamente
jejich milenci je velmi rychle opustili
porque ya no tenían fortuna
protože už neměli žádné jmění
Esto demostró que en realidad no eran muy queridos.
to ukázalo, že nebyli ve skutečnosti příliš oblíbení
Todos dijeron que no merecían compasión.
všichni říkali, že si nezaslouží být litováni
"Nos alegra ver su orgullo humillado"
"jsme rádi, že vidíme pokořenou jejich hrdost"
"Que se sientan orgullosos de ordeñar vacas"
"ať jsou hrdí na dojení krav"
Pero estaban preocupados por Bella.
ale šlo jim o krásu
Ella era una criatura tan dulce
byla tak milé stvoření
Ella hablaba tan amablemente a la gente pobre.
mluvila tak laskavě k chudým lidem
Y ella era de una naturaleza tan inocente.
a byla tak nevinné povahy
Varios caballeros se habrían casado con ella.
Několik pánů by si ji vzalo
Se habrían casado con ella aunque fuera pobre

vzali by si ji, i když byla chudá
pero ella les dijo que no podía casarlos
ale řekla jim, že si je nemůže vzít
porque ella no dejaría a su padre
protože svého otce neopustí
Ella estaba decidida a ir con él al campo.
byla odhodlaná jít s ním na venkov
para que ella pudiera consolarlo y ayudarlo
aby ho mohla utěšit a pomoci
La pobre belleza estaba muy triste al principio.
Ubohá kráska byla zpočátku velmi zarmoucená
Ella estaba afligida por la pérdida de su fortuna.
byla zarmoucena ztrátou svého jmění
"Pero llorar no cambiará mi suerte"
"ale pláč nezmění mé štěstí"
"Debo intentar ser feliz sin riquezas"
"Musím se snažit být šťastný bez bohatství"
Llegaron a su casa de campo
přišli do svého venkovského domu
y el comerciante y sus tres hijos se dedicaron a la agricultura
a obchodník a jeho tři synové se věnovali hospodaření
Bella se levantó a las cuatro de la mañana.
krása vstávala ve čtyři ráno
y se apresuró a limpiar la casa
a spěchala uklidit dům
y se aseguró de que la cena estuviera lista
a ujistila se, že večeře je hotová
Al principio encontró su nueva vida muy difícil.
na začátku měla svůj nový život velmi těžký
porque no estaba acostumbrada a ese tipo de trabajo
protože na takovou práci nebyla zvyklá
Pero en menos de dos meses se hizo más fuerte.
ale za necelé dva měsíce zesílila
Y ella estaba más sana que nunca.
a byla zdravější než kdykoli předtím
Después de haber hecho su trabajo, leyó

poté, co udělala svou práci, četla
Ella tocaba el clavicémbalo
hrála na cembalo
o cantaba mientras hilaba seda
nebo zpívala, když předla hedvábí
Por el contrario, sus dos hermanas no sabían cómo pasar el tiempo.
naopak její dvě sestry nevěděly, jak trávit čas
Se levantaron a las diez y no hicieron nada más que holgazanear todo el día.
vstávali v deset a celý den nedělali nic jiného než lenošení
Lamentaron la pérdida de sus hermosas ropas.
naříkali nad ztrátou svých krásných šatů
y se quejaron de perder a sus conocidos
a stěžovali si na ztrátu svých známých
"Mirad a nuestra hermana menor", se dijeron.
"Podívejte se na naši nejmladší sestru," řekli si
"¡Qué criatura tan pobre y estúpida es!"
"jaké ubohé a hloupé stvoření to je"
"Es mezquino contentarse con tan poco"
"Je podlé spokojit se s tak málo"
El amable comerciante tenía una opinión muy diferente.
ten druh obchodníka byl zcela jiného názoru
Él sabía muy bien que Bella eclipsaba a sus hermanas.
dobře věděl, že krása převyšuje její sestry
Ella los eclipsó tanto en carácter como en mente.
převyšovala je charakterem i myslí
Él admiraba su humildad y su arduo trabajo.
obdivoval její pokoru a tvrdou práci
Pero sobre todo admiraba su paciencia.
ale nejvíc ze všeho obdivoval její trpělivost
Sus hermanas le dejaron todo el trabajo por hacer.
její sestry jí nechaly veškerou práci
y la insultaban a cada momento
a každou chvíli ji uráželi
La familia había vivido así durante aproximadamente un

año.
Rodina takto žila asi rok
Entonces el comerciante recibió una carta de un contable.
pak obchodník dostal dopis od účetního
Tenía una inversión en un barco.
měl investici do lodi
y el barco había llegado sano y salvo
a loď bezpečně dorazila
Esta noticia hizo que las dos hijas mayores se volvieran locas.
Tato zpráva obrátila hlavy dvou nejstarších dcer
Inmediatamente tuvieron esperanzas de regresar a la ciudad.
okamžitě měli naději na návrat do města
Porque estaban bastante cansados de la vida en el campo.
protože byli dost unavení venkovským životem
Fueron a ver a su padre cuando él se iba.
šli k otci, když odcházel
Le rogaron que les comprara ropa nueva
prosili ho, aby jim koupil nové šaty
Vestidos, cintas y todo tipo de cositas.
šaty, stuhy a všechny možné drobnosti
Pero Bella no pedía nada.
ale krása si nic nepřála
Porque pensó que el dinero no sería suficiente.
protože si myslela, že peníze nebudou stačit
No habría suficiente para comprar todo lo que sus hermanas querían.
nebylo by dost na to, aby si koupila všechno, co její sestry chtěly
- ¿Qué te gustaría, Bella? -preguntó su padre.
"Co bys chtěla, krásko?" zeptal se její otec
"Gracias, padre, por la bondad de pensar en mí", dijo.
"Děkuji ti, otče, za to, že jsi na mě myslel," řekla
"Padre, ten la amabilidad de traerme una rosa"
"Otče, buď tak laskav a přines mi růži"
"Porque aquí en el jardín no crecen rosas"

"Protože tady v zahradě žádné růže nerostou"
"y las rosas son una especie de rareza"
"a růže jsou druh vzácnosti"
A Bella realmente no le importaban las rosas
kráska se o růže opravdu nestarala
Ella solo pidió algo para no condenar a sus hermanas.
požádala jen o něco, aby neodsoudila své sestry
Pero sus hermanas pensaron que ella pidió rosas por otros motivos.
ale její sestry si myslely, že žádá o růže z jiných důvodů
"Lo hizo sólo para parecer especial"
"udělala to jen proto, aby vypadala zvlášť"
El hombre amable continuó su viaje.
Laskavý muž se vydal na cestu
pero cuando llego discutieron sobre la mercancia
ale když dorazil, dohadovali se o zboží
Y después de muchos problemas volvió tan pobre como antes.
a po mnoha potížích se vrátil stejně chudý jako předtím
Estaba a un par de horas de su propia casa.
byl během několika hodin od svého domu
y ya imaginaba la alegría de ver a sus hijos
a už si představoval tu radost, že vidí své děti
pero al pasar por el bosque se perdió
ale když šel lesem, ztratil se
Llovió y nevó terriblemente
strašně pršelo a sněžilo
El viento era tan fuerte que lo arrojó del caballo.
vítr byl tak silný, že ho shodil z koně
Y la noche se acercaba rápidamente
a noc se rychle blížila
Empezó a pensar que podría morir de hambre.
začal si myslet, že by mohl hladovět
y pensó que podría morir congelado
a myslel si, že by mohl umrznout k smrti
y pensó que los lobos podrían comérselo

a myslel si, že ho mohou sežrat vlci
Los lobos que oía aullar a su alrededor
vlci, které slyšel vytí všude kolem sebe
Pero de repente vio una luz.
ale najednou uviděl světlo
Vio la luz a lo lejos entre los árboles.
viděl světlo v dálce mezi stromy
Cuando se acercó vio que la luz era un palacio.
když se přiblížil, viděl, že světlo je palác
El palacio estaba iluminado de arriba a abajo.
palác byl osvětlen shora dolů
El comerciante agradeció a Dios por su suerte.
obchodník děkoval Bohu za štěstí
y se apresuró a ir al palacio
a spěchal do paláce
Pero se sorprendió al no ver gente en el palacio.
ale překvapilo ho, že v paláci neviděl žádné lidi
El patio estaba completamente vacío.
dvůr byl úplně prázdný
y no había señales de vida en ninguna parte
a nikde nebylo ani stopy po životě
Su caballo lo siguió hasta el palacio.
jeho kůň ho následoval do paláce
y luego su caballo encontró un gran establo
a pak jeho kůň našel velkou stáj
El pobre animal estaba casi muerto de hambre.
ubohé zvíře téměř vyhladovělo
Entonces su caballo fue a buscar heno y avena.
tak jeho kůň šel najít seno a oves
Afortunadamente encontró mucho para comer.
naštěstí našel spoustu jídla
y el mercader ató su caballo al pesebre
a kupec přivázal koně k jesličkám
Caminando hacia la casa no vio a nadie.
když šel k domu, nikoho neviděl
Pero en un gran salón encontró un buen fuego.

ale ve velkém sále našel dobrý oheň
y encontró una mesa puesta para uno
a našel stůl pro jednoho
Estaba mojado por la lluvia y la nieve.
byl mokrý od deště a sněhu
Entonces se acercó al fuego para secarse.
tak se přiblížil k ohni, aby se osušil
"Espero que el dueño de la casa me disculpe"
"Doufám, že mě pán domu omluví."
"Supongo que no tardará mucho en aparecer alguien"
"Předpokládám, že to nebude trvat dlouho, než se někdo objeví."
Esperó un tiempo considerable
Čekal značnou dobu
Esperó hasta que dieron las once y todavía no venía nadie.
čekal, až udeří jedenáctá, a stále nikdo nepřicházel
Al final tenía tanta hambre que no podía esperar más.
konečně měl takový hlad, že už nemohl čekat
Tomó un poco de pollo y se lo comió en dos bocados.
vzal si kuře a snědl ho po dvou soustech
Estaba temblando mientras comía la comida.
při jídle se třásl
Después de esto bebió unas copas de vino.
poté vypil několik sklenic vína
Cada vez más valiente, salió del salón.
čím dál odvážnější vyšel ze sálu
y atravesó varios grandes salones
a prošel několika velkými síněmi
Caminó por el palacio hasta llegar a una cámara.
prošel palácem, až vešel do komnaty
Una habitación que tenía una cama muy buena.
komora, která měla v sobě mimořádně dobrou postel
Estaba muy fatigado por su terrible experiencia.
byl ze svého utrpení velmi unavený
Y ya era pasada la medianoche
a čas už byl po půlnoci

Entonces decidió que era mejor cerrar la puerta.
tak se rozhodl, že bude nejlepší zavřít dveře
y concluyó que debía irse a la cama
a usoudil, že by měl jít spát
Eran las diez de la mañana cuando el comerciante se despertó.
Bylo deset hodin ráno, když se obchodník probudil
Justo cuando iba a levantarse vio algo
právě když se chystal vstát, něco uviděl
Se sorprendió al ver un conjunto de ropa limpia.
byl ohromen, když viděl čisté oblečení
En el lugar donde había dejado su ropa sucia.
na místě, kde nechal své špinavé oblečení
"Seguramente este palacio pertenece a algún tipo de hada"
"určitě tento palác patří nějaké laskavé víle"
" Un hada que me ha visto y se ha compadecido de mí"
" Víla , která mě viděla a litovala mě"
Miró por una ventana
podíval se oknem
Pero en lugar de nieve vio el jardín más delicioso.
ale místo sněhu viděl tu nejkrásnější zahradu
Y en el jardín estaban las rosas más hermosas.
a v zahradě byly ty nejkrásnější růže
Luego regresó al gran salón.
pak se vrátil do velkého sálu
El salón donde había tomado sopa la noche anterior.
sál, kde měl předešlou noc polévku
y encontró un poco de chocolate en una mesita
a na malém stolku našel trochu čokolády
"Gracias, buena señora hada", dijo en voz alta.
"Děkuji, dobrá madam Fairy," řekl nahlas
"Gracias por ser tan cariñoso"
"děkuji, že se tak staráš"
"Le estoy sumamente agradecido por todos sus favores"
"Jsem vám nesmírně zavázán za veškerou vaši přízeň"
El hombre amable bebió su chocolate.

laskavý muž vypil svou čokoládu
y luego fue a buscar su caballo
a pak šel hledat svého koně
Pero en el jardín recordó la petición de Bella.
ale v zahradě si vzpomněl na prosbu krásy
y cortó una rama de rosas
a uřízl větev růží
Inmediatamente oyó un gran ruido
okamžitě uslyšel velký hluk
y vio una bestia terriblemente espantosa
a uviděl strašně děsivé zvíře
Estaba tan asustado que estaba a punto de desmayarse.
byl tak vyděšený, že byl připraven omdlít
-Eres muy desagradecido -le dijo la bestia.
"Jsi velmi nevděčný," řeklo mu zvíře
Y la bestia habló con voz terrible
a šelma promluvila hrozným hlasem
"Te he salvado la vida al permitirte entrar en mi castillo"
"Zachránil jsem ti život tím, že jsem tě dovolil do svého hradu."
"¿Y a cambio me robas mis rosas?"
"a za to mi na oplátku kradeš růže?"
"Las rosas que valoro más que nada"
"Růže, kterých si cením nade vše"
"Pero morirás por lo que has hecho"
"ale zemřeš za to, co jsi udělal"
"Sólo te doy un cuarto de hora para que te prepares"
"Dávám ti čtvrt hodiny na přípravu."
"Prepárate para la muerte y di tus oraciones"
"připrav se na smrt a řekni své modlitby"
El comerciante cayó de rodillas
obchodník padl na kolena
y alzó ambas manos
a zvedl obě ruce
"Mi señor, le ruego que me perdone"
"Můj pane, prosím tě, odpusť mi"

"No tuve intención de ofenderte"
"Neměl jsem v úmyslu tě urazit"
"Recogí una rosa para una de mis hijas"
"Sbíral jsem růži pro jednu ze svých dcer"
"Ella me pidió que le trajera una rosa"
"požádala mě, abych jí přinesl růži"
-No soy tu señor, pero soy una bestia -respondió el monstruo.
"Nejsem tvůj pán, ale jsem zvíře," odpovědělo monstrum
"No me gustan los cumplidos"
"Nemám rád komplimenty"
"Me gusta la gente que habla como piensa"
"Mám rád lidi, kteří mluví, jak myslí"
"No creas que me puedo conmover con halagos"
"Nepředstavujte si, že mě mohou pohnout lichotkami"
"Pero dices que tienes hijas"
"Ale říkáš, že máš dcery"
"Te perdonaré con una condición"
"Odpustím ti pod jednou podmínkou"
"Una de tus hijas debe venir voluntariamente a mi palacio"
"jedna z tvých dcer musí dobrovolně přijít do mého paláce"
"y ella debe sufrir por ti"
"a ona musí trpět pro tebe"
"Déjame tener tu palabra"
"Dej mi své slovo"
"Y luego podrás continuar con tus asuntos"
"a pak se můžeš věnovat své práci"
"Prométeme esto:"
"Slib mi toto:"
"Si tu hija se niega a morir por ti, deberás regresar dentro de tres meses"
"Pokud vaše dcera odmítne pro vás zemřít, musíte se vrátit do tří měsíců."
El comerciante no tenía intenciones de sacrificar a sus hijas.
obchodník neměl v úmyslu obětovat své dcery
Pero, como le habían dado tiempo, quiso volver a ver a sus

hijas.
ale protože dostal čas, chtěl své dcery ještě jednou vidět
Así que prometió que volvería.
tak slíbil, že se vrátí
Y la bestia le dijo que podía partir cuando quisiera.
a šelma mu řekla, že může vyrazit, až bude chtít
y la bestia le dijo una cosa más
a šelma mu řekla ještě jednu věc
"No te irás con las manos vacías"
"neodjedeš s prázdnou"
"Vuelve a la habitación donde yacías"
"Vrať se do pokoje, kde jsi ležel"
"Verás un gran cofre del tesoro vacío"
"uvidíte velkou prázdnou truhlu s pokladem"
"Llena el cofre del tesoro con lo que más te guste"
"naplňte truhlu s pokladem tím, co máte nejraději"
"y enviaré el cofre del tesoro a tu casa"
"a pošlu pokladničku k tobě domů"
Y al mismo tiempo la bestia se retiró.
a zároveň se bestie stáhla
"Bueno", se dijo el buen hombre.
"No," řekl si ten dobrý muž
"Si tengo que morir, al menos dejaré algo a mis hijos"
"Pokud musím zemřít, zanechám alespoň něco svým dětem"
Así que regresó al dormitorio.
tak se vrátil do ložnice
y encontró una gran cantidad de piezas de oro
a našel velké množství zlata
Llenó el cofre del tesoro que la bestia había mencionado.
naplnil truhlu s pokladem, o které se zmiňovalo zvíře
y sacó su caballo del establo
a vyvedl svého koně ze stáje
La alegría que sintió al entrar al palacio ahora era igual al dolor que sintió al salir de él.
radost, kterou cítil, když vstoupil do paláce, se nyní rovnala smutku, který cítil při odchodu z paláce

El caballo tomó uno de los caminos del bosque.
kůň se vydal jednou z lesních cest
Y en pocas horas el buen hombre estaba en casa.
a za pár hodin byl dobrý muž doma
Sus hijos vinieron a él
přišly k němu jeho děti
Pero en lugar de recibir sus abrazos con placer, los miró.
ale místo toho, aby s potěšením přijal jejich objetí, podíval se na ně
Levantó la rama que tenía en sus manos.
zvedl větev, kterou měl v rukou
y luego estalló en lágrimas
a pak propukl v pláč
"Belleza", dijo, "por favor toma estas rosas".
"krása," řekl, "vezmi si prosím ty růže"
"**No puedes saber lo costosas que han sido estas rosas**"
"Nemůžeš vědět, jak drahé ty růže byly"
"**Estas rosas le han costado la vida a tu padre**"
"tyto růže stály tvého otce život"
Y luego contó su fatal aventura.
a pak vyprávěl o svém osudném dobrodružství
Inmediatamente las dos hermanas mayores gritaron.
okamžitě vykřikly dvě nejstarší sestry
y le dijeron muchas cosas malas a su hermosa hermana
a své krásné sestře řekli mnoho podlých věcí
Pero Bella no lloró en absoluto.
ale krása vůbec neplakala
"Mirad el orgullo de ese pequeño desgraciado", dijeron.
"Podívejte se na hrdost toho malého ubožáka," řekli
"**ella no pidió ropa fina**"
"nežádala o pěkné oblečení"
"**Ella debería haber hecho lo que hicimos**"
"měla udělat to, co my"
"**ella quería distinguirse**"
"chtěla se odlišit"
"**Así que ahora ella será la muerte de nuestro padre**"

"takže ona bude smrtí našeho otce"
"Y aún así no derrama ni una lágrima"
"a přesto neronila slzu"
"¿Por qué debería llorar?" respondió Bella
"Proč bych měl plakat?" odpověděl krása
"Llorar sería muy innecesario"
"plakat by bylo velmi zbytečné"
"mi padre no sufrirá por mí"
"Můj otec pro mě nebude trpět"
"El monstruo aceptará a una de sus hijas"
"monstrum přijme jednu ze svých dcer"
"Me ofreceré a toda su furia"
"Nabídnu se celé jeho zuřivosti"
"Estoy muy feliz, porque mi muerte salvará la vida de mi padre"
"Jsem velmi šťastný, protože moje smrt zachrání život mého otce."
"mi muerte será una prueba de mi amor"
"Moje smrt bude důkazem mé lásky"
-No, hermana -dijeron sus tres hermanos.
"Ne, sestro," řekli její tři bratři
"Eso no será"
"to nebude"
"Iremos a buscar al monstruo"
"Půjdeme najít monstrum"
"y o lo matamos..."
"A buď ho zabijeme..."
"...o pereceremos en el intento"
"... nebo při tom pokusu zahyneme"
"No imaginéis tal cosa, hijos míos", dijo el mercader.
"Nic takového si nepředstavujte, moji synové," řekl obchodník
"El poder de la bestia es tan grande que no tengo esperanzas de que puedas vencerlo"
"Síla toho zvířete je tak velká, že nemám naději, že bys ho mohl překonat."
"Estoy encantado con la amable y generosa oferta de Bella"

"Jsem okouzlen laskavou a velkorysou nabídkou krásy"
"pero no puedo aceptar su generosidad"
"ale nemohu přijmout její štědrost"
"Soy viejo y no me queda mucho tiempo de vida"
"Jsem starý a už mi nebude dlouho žít"
"Así que sólo puedo perder unos pocos años"
"takže můžu ztratit jen pár let"
"Tiempo que lamento por vosotros, mis queridos hijos"
"čas, kterého pro vás lituji, mé drahé děti"
"Pero padre", dijo Bella
"Ale tati," řekla kráska
"No irás al palacio sin mí"
"beze mě nepůjdeš do paláce"
"No puedes impedir que te siga"
"nemůžeš mi zabránit, abych tě sledoval"
Nada podría convencer a Bella de lo contrario.
nic nemohlo přesvědčit krásu jinak
Ella insistió en ir al bello palacio.
trvala na tom, že půjde do nádherného paláce
y sus hermanas estaban encantadas con su insistencia
a její sestry byly potěšeny jejím naléháním
El comerciante estaba preocupado ante la idea de perder a su hija.
Obchodník byl znepokojen pomyšlením, že ztratí svou dceru
Estaba tan preocupado que se había olvidado del cofre lleno de oro.
měl takové starosti, že zapomněl na truhlu plnou zlata
Por la noche se retiró a descansar y cerró la puerta de su habitación.
v noci se uchýlil k odpočinku a zavřel dveře své komnaty
Entonces, para su gran asombro, encontró el tesoro junto a su cama.
pak ke svému velkému úžasu našel poklad u své postele
Estaba decidido a no contárselo a sus hijos.
byl rozhodnutý, že to svým dětem neřekne
Si lo supieran, hubieran querido regresar al pueblo.

kdyby to věděli, chtěli by se vrátit do města
y estaba decidido a no abandonar el campo
a rozhodl se neopustit venkov
Pero él confió a Bella el secreto.
ale svěřil kráse s tajemstvím
Ella le informó que dos caballeros habían llegado.
oznámila mu, že přišli dva pánové
y le hicieron propuestas a sus hermanas
a předkládaly návrhy jejím sestrám
Ella le rogó a su padre que consintiera su matrimonio.
prosila svého otce, aby souhlasil s jejich sňatkem
y ella le pidió que les diera algo de su fortuna
a požádala ho, aby jim dal část svého jmění
Ella ya los había perdonado.
už jim odpustila
Las malvadas criaturas se frotaron los ojos con cebollas.
zlí tvorové si třeli oči cibulí
Para forzar algunas lágrimas cuando se separaron de su hermana.
vynutit si slzy, když se loučili se svou sestrou
Pero sus hermanos realmente estaban preocupados.
ale její bratři měli opravdu obavy
Bella fue la única que no derramó ninguna lágrima.
kráska jediná neronila slzy
Ella no quería aumentar su malestar.
nechtěla zvyšovat jejich neklid
El caballo tomó el camino directo al palacio.
kůň se vydal přímou cestou do paláce
y hacia la tarde vieron el palacio iluminado
a k večeru spatřili osvětlený palác
El caballo volvió a entrar solo en el establo.
kůň se znovu zavedl do stáje
Y el buen hombre y su hija entraron en el gran salón.
a dobrý muž a jeho dcera šli do velké síně
Aquí encontraron una mesa espléndidamente servida.
zde našli skvěle naservírovaný stůl

El comerciante no tenía apetito para comer
obchodník neměl chuť k jídlu
Pero Bella se esforzó por parecer alegre.
ale kráska se snažila působit vesele
Ella se sentó a la mesa y ayudó a su padre.
posadila se ke stolu a pomohla otci
Pero también pensó para sí misma:
ale také si pomyslela:
"La bestia seguramente quiere engordarme antes de comerme"
"zvíře mě určitě chce vykrmit, než mě sežere"
"Por eso ofrece tanto entretenimiento"
"proto poskytuje tak bohatou zábavu"
Después de haber comido oyeron un gran ruido.
když se najedli, uslyšeli velký hluk
Y el comerciante se despidió de su desdichado hijo con lágrimas en los ojos.
a obchodník se se slzami v očích rozloučil se svým nešťastným dítětem
Porque sabía que la bestia venía
protože věděl, že bestie přichází
Bella estaba aterrorizada por su horrible forma.
kráska se děsila jeho příšerné podoby
Pero ella tomó coraje lo mejor que pudo.
ale sebrala odvahu, jak jen mohla
Y el monstruo le preguntó si venía voluntariamente.
a netvor se jí zeptal, jestli přišla dobrovolně
-Sí, he venido voluntariamente -dijo temblando.
"Ano, přišla jsem dobrovolně," řekla třesoucí se
La bestia respondió: "Eres muy bueno"
zvíře odpovědělo: "Jsi velmi dobrý"
"Y te lo agradezco mucho, hombre honesto"
"A jsem ti velmi zavázán, čestný člověče"
"Continuad vuestro camino mañana por la mañana"
"jdi svou cestou zítra ráno"
"Pero nunca pienses en venir aquí otra vez"

"ale nikdy nepřemýšlej, že sem znovu přijdu"
"Adiós bella, adiós bestia", respondió.
"Sbohem krásko, sbohem zvíře," odpověděl
Y de inmediato el monstruo se retiró.
a netvor se okamžitě stáhl
"Oh, hija", dijo el comerciante.
"Ach, dcero," řekl obchodník
y abrazó a su hija una vez más
a ještě jednou objal svou dceru
"Estoy casi muerto de miedo"
"Jsem skoro k smrti vyděšený"
"Créeme, será mejor que regreses"
"Věř mi, radši se vrať."
"déjame quedarme aquí, en tu lugar"
"nech mě zůstat tady místo tebe"
—**No, padre** —dijo Bella con tono decidido.
"Ne, otče," řekla kráska rozhodným tónem
"Partirás mañana por la mañana"
"vyrazíš zítra ráno"
"déjame al cuidado y protección de la providencia"
"Přenech mě péči a ochraně prozřetelnosti"
Aún así se fueron a la cama
přesto šli spát
Pensaron que no cerrarían los ojos en toda la noche.
mysleli si, že celou noc nezamhouří oči
pero justo cuando se acostaron se durmieron
ale když si lehli, spali
Bella soñó que una bella dama se acercó y le dijo:
kráska snila, že přišla krásná dáma a řekla jí:
"Estoy contento, bella, con tu buena voluntad"
"Jsem spokojen, krásko, s tvou dobrou vůlí"
"Esta buena acción tuya no quedará sin recompensa"
"tento tvůj dobrý čin nezůstane bez odměny"
Bella se despertó y le contó a su padre su sueño.
kráska se probudila a řekla otci svůj sen
El sueño ayudó a consolarlo un poco.

sen ho trochu utěšil
Pero no pudo evitar llorar amargamente mientras se marchaba.
ale nemohl se ubránit hořkému pláči, když odcházel
Tan pronto como se fue, Bella se sentó en el gran salón y lloró también.
jakmile byl pryč, kráska se posadila do velkého sálu a rozplakala se také
Pero ella decidió no sentirse inquieta.
ale rozhodla se, že nebude neklidná
Ella decidió ser fuerte por el poco tiempo que le quedaba de vida.
rozhodla se být silná na tu krátkou dobu, která jí zbývala do života
Porque creía firmemente que la bestia la comería.
protože pevně věřila, že ji bestie sežere
Sin embargo, pensó que también podría explorar el palacio.
myslela si však, že by mohla prozkoumat i palác
y ella quería ver el hermoso castillo
a chtěla si prohlédnout krásný zámek
Un castillo que no pudo evitar admirar.
hrad, který nemohla neobdivovat
Era un palacio deliciosamente agradable.
byl to nádherně příjemný palác
y ella se sorprendió muchísimo al ver una puerta
a byla nesmírně překvapená, když viděla dveře
Y sobre la puerta estaba escrito que era su habitación.
a nad dveřmi bylo napsáno, že je to její pokoj
Ella abrió la puerta apresuradamente
spěšně otevřela dveře
y ella quedó completamente deslumbrada con la magnificencia de la habitación.
a byla docela oslněna velkolepostí pokoje
Lo que más le llamó la atención fue una gran biblioteca.
co upoutalo její pozornost především, byla velká knihovna
Un clavicémbalo y varios libros de música.

cembalo a několik hudebních knih
"Bueno", se dijo a sí misma.
"No," řekla si pro sebe
"Veo que la bestia no dejará que mi tiempo cuelgue pesadamente"
"Vidím, že bestie nenechá můj čas viset těžký"
Entonces reflexionó sobre su situación.
pak se zamyslela nad svou situací
"Si me hubiera quedado un día, todo esto no estaría aquí"
"Kdybych měl zůstat jeden den, tohle všechno by tu nebylo"
Esta consideración le inspiró nuevo coraje.
tato úvaha ji inspirovala čerstvou odvahou
y tomó un libro de su nueva biblioteca
a vzala si knihu ze své nové knihovny
y leyó estas palabras en letras doradas:
a přečetla tato slova zlatým písmem:
"Bienvenida Bella, destierra el miedo"
"Vítej krásko, zažeň strach"
"Eres reina y señora aquí"
"Tady jsi královna a milenka"
"Di tus deseos, di tu voluntad"
"Řekni svá přání, řekni svou vůli"
"Aquí la obediencia rápida cumple tus deseos"
"Rychlá poslušnost zde splňuje vaše přání"
"¡Ay!", dijo ella con un suspiro.
"Běda," řekla s povzdechem
"Lo que más deseo es ver a mi pobre padre"
"Nejvíc ze všeho si přeji vidět svého ubohého otce"
"y me gustaría saber qué está haciendo"
"a rád bych věděl, co dělá"
Tan pronto como dijo esto se dio cuenta del espejo.
Jakmile to řekla, všimla si zrcadla
Para su gran asombro, vio su propia casa en el espejo.
ke svému velkému úžasu spatřila v zrcadle svůj vlastní domov
Su padre llegó emocionalmente agotado.

její otec přijel citově vyčerpaný
Sus hermanas fueron a recibirlo
její sestry mu šly naproti
A pesar de sus intentos de parecer tristes, su alegría era visible.
navzdory jejich pokusům tvářit se smutně byla jejich radost viditelná
Un momento después todo desapareció
za chvíli vše zmizelo
Y las aprensiones de Bella también desaparecieron.
a obavy z krásy zmizely také
porque sabía que podía confiar en la bestia
protože věděla, že té bestii může věřit
Al mediodía encontró la cena lista.
V poledne našla večeři připravenou
Ella se sentó a la mesa
sama se posadila ke stolu
y se entretuvo con un concierto de música
a byla pobavena koncertem hudby
Aunque no podía ver a nadie
i když nikoho neviděla
Por la noche se sentó a cenar otra vez
v noci zase seděla k večeři
Esta vez escuchó el ruido que hizo la bestia.
tentokrát zaslechla hluk, který zvíře vydávalo
y ella no pudo evitar estar aterrorizada
a neubránila se strachu
"belleza", dijo el monstruo
"Krása," řekla příšera
"¿Me permites comer contigo?"
"Dovolíš mi jíst s tebou?"
"Haz lo que quieras", respondió Bella temblando.
"Dělej, jak chceš," odpověděla kráska chvějící se
"No", respondió la bestia.
"Ne," odpověděla bestie
"Sólo tú eres la señora aquí"

"ty jediná jsi tady paní"
"Puedes despedirme si soy problemático"
"Můžeš mě poslat pryč, když ti budu dělat potíže"
"Despídeme y me retiraré inmediatamente"
"pošli mě pryč a já se okamžitě stáhnu"
-Pero dime, ¿no te parece que soy muy fea?
"Ale řekni mi, nemyslíš si, že jsem moc ošklivá?"
"Eso es verdad", dijo Bella.
"To je pravda," řekla kráska
"No puedo decir una mentira"
"Nemohu lhát"
"Pero creo que tienes muy buen carácter"
"Ale věřím, že máš velmi dobrou povahu"
"Sí, lo soy", dijo el monstruo.
"Opravdu jsem," řekl netvor
"Pero aparte de mi fealdad, tampoco tengo sentido"
"Ale kromě své ošklivosti nemám ani rozum"
"Sé muy bien que soy una criatura tonta"
"Moc dobře vím, že jsem hloupé stvoření"
—No es ninguna locura pensar así —replicó Bella.
"To není známka pošetilosti si to myslet," odpověděla kráska
"Come entonces, bella", dijo el monstruo.
"Tak jez, krásko," řekla příšera
"Intenta divertirte en tu palacio"
"zkuste se zabavit ve svém paláci"
"Todo aquí es tuyo"
"všechno tady je tvoje"
"Y me sentiría muy incómodo si no fueras feliz"
"A byl bych velmi neklidný, kdybys nebyl šťastný."
-Eres muy servicial -respondió Bella.
"Jsi velmi ochotný," odpověděla kráska
"Admito que estoy complacido con su amabilidad"
"Přiznávám, že jsem potěšen vaší laskavostí"
"Y cuando considero tu bondad, apenas noto tus deformidades"
"a když uvážím tvou laskavost, sotva si všimnu tvých

deformací"
"Sí, sí", dijo la bestia, "mi corazón es bueno".
"Ano, ano," řekla bestie, "mé srdce je dobré
"Pero aunque soy bueno, sigo siendo un monstruo"
"ale i když jsem dobrý, jsem stále monstrum"
"Hay muchos hombres que merecen ese nombre más que tú"
"Je mnoho mužů, kteří si toto jméno zaslouží víc než ty."
"Y te prefiero tal como eres"
"a mám tě radši takového, jaký jsi"
"y te prefiero más que a aquellos que esconden un corazón ingrato"
"a mám tě radši než ty, kteří skrývají nevděčné srdce"
"Si tuviera algo de sentido común", respondió la bestia.
"Kdybych tak měl trochu rozumu," odpovědělo zvíře
"Si tuviera sentido común, te haría un buen cumplido para agradecerte"
"Kdybych měl rozum, udělal bych pěkný kompliment, abych ti poděkoval"
"Pero soy tan aburrida"
"ale já jsem tak tupý"
"Sólo puedo decir que le estoy muy agradecido"
"Mohu jen říct, že jsem ti velmi zavázán"
Bella comió una cena abundante
kráska snědla vydatnou večeři
y ella casi había superado su miedo al monstruo
a téměř porazila svůj strach z monstra
Pero ella quería desmayarse cuando la bestia le hizo la siguiente pregunta.
ale chtěla omdlít, když se jí bestie zeptala na další otázku
"Belleza, ¿quieres ser mi esposa?"
"Krásko, budeš moje žena?"
Ella tardó un tiempo antes de poder responder.
chvíli trvalo, než mohla odpovědět
Porque tenía miedo de hacerlo enojar
protože se bála, že ho rozzlobí
Al final, sin embargo, dijo: "No, bestia".

nakonec však řekla "ne, bestie"
Inmediatamente el pobre monstruo silbó muy espantosamente.
okamžitě chudák netvor velmi děsivě zasyčel
y todo el palacio hizo eco
a celý palác se rozléhal
Pero Bella pronto se recuperó de su susto.
ale krása se brzy vzpamatovala ze svého strachu
porque la bestia volvió a hablar con voz triste
protože bestie znovu promluvila truchlivým hlasem
"Entonces adiós, belleza"
"tak sbohem, krásko"
y sólo se volvía de vez en cuando
a jen tu a tam se otočil
mirarla mientras salía
aby se na ni podíval, když vyšel ven
Ahora Bella estaba sola otra vez
teď byla krása zase sama
Ella sintió mucha compasión
cítila velký soucit
"Ay, es una lástima"
"Běda, je to tisíc lítosti"
"algo tan bueno no debería ser tan feo"
"nic tak dobré povahy by nemělo být tak ošklivé"
Bella pasó tres meses muy contenta en palacio.
kráska strávila tři měsíce velmi spokojeně v paláci
Todas las noches la bestia le hacía una visita.
každý večer ji zvíře navštívilo
y hablaron durante la cena
a povídali si během večeře
Hablaban con sentido común
mluvili zdravým rozumem
Pero no hablaban con lo que la gente llama ingenio.
ale nemluvili s tím, čemu lidé říkají důvtip
Bella siempre descubre algún carácter valioso en la bestia.
kráska vždy objevila nějakou cennou postavu ve zvířeti

y ella se había acostumbrado a su deformidad
a na jeho deformaci si zvykla
Ella ya no temía el momento de su visita.
už se nebála času jeho návštěvy
Ahora a menudo miraba su reloj.
teď se často dívala na hodinky
y ella no podía esperar a que fueran las nueve en punto
a nemohla se dočkat, až bude devět hodin
Porque la bestia nunca dejaba de venir a esa hora
protože šelma nikdy nezmeškala příchod v tu hodinu
Sólo había una cosa que preocupaba a Bella.
krása se týkala jen jedné věci
Todas las noches antes de irse a dormir la bestia le hacía la misma pregunta.
každou noc, než šla spát, se jí bestie zeptala na stejnou otázku
El monstruo le preguntó si sería su esposa.
netvor se jí zeptal, jestli bude jeho manželkou
Un día ella le dijo: "bestia, me pones muy nerviosa"
jednoho dne mu řekla: "Besto, velmi mě zneklidňuješ"
"Me gustaría poder consentir en casarme contigo"
"Kéž bych mohl souhlasit, abych si tě vzal"
"Pero soy demasiado sincero para hacerte creer que me casaría contigo"
"ale jsem příliš upřímný, abych tě donutil věřit, že bych si tě vzal"
"nuestro matrimonio nunca se realizará"
"naše manželství nikdy nevznikne"
"Siempre te veré como un amigo"
"Vždy tě budu vidět jako přítele"
"Por favor, trate de estar satisfecho con esto"
"zkuste se s tím prosím spokojit"
"Debo estar satisfecho con esto", dijo la bestia.
"Musím se s tím spokojit," řekla bestie
"Conozco mi propia desgracia"
"Znám své vlastní neštěstí"
"pero te amo con el más tierno cariño"

"ale miluji tě tou nejněžnější náklonností"
"Sin embargo, debo considerarme feliz"
"Nicméně bych se měl považovat za šťastného"
"Y me alegraría que te quedaras aquí"
"A měl bych být rád, že tu zůstaneš"
"Prométeme que nunca me dejarás"
"slib mi, že mě nikdy neopustíš"
Bella se sonrojó ante estas palabras.
krása se při těchto slovech začervenala
Un día Bella se estaba mirando en el espejo.
jednoho dne se kráska dívala do zrcadla
Su padre se había preocupado muchísimo por ella.
její otec měl o ni strach
Ella anhelaba verlo de nuevo más que nunca.
toužila ho znovu vidět víc než kdy jindy
"Podría prometerte que nunca te abandonaré por completo"
"Mohl bych slíbit, že tě nikdy úplně neopustím"
"Pero tengo un deseo tan grande de ver a mi padre"
"Ale já mám tak velkou touhu vidět svého otce"
"Me molestaría muchísimo si dijeras que no"
"Byl bych neskutečně naštvaný, kdybys řekl ne"
"Preferiría morir yo mismo", dijo el monstruo.
"Raději jsem zemřel sám," řekl netvor
"Prefiero morir antes que hacerte sentir incómodo"
"Raději bych zemřel, než abych tě přiměl cítit neklid"
"Te enviaré con tu padre"
"Pošlu tě k tvému otci"
"permanecerás con él"
"zůstaneš s ním"
"y esta desafortunada bestia morirá de pena en su lugar"
"a toto nešťastné zvíře místo toho zemře žalem"
"No", dijo Bella, llorando.
"Ne," řekla kráska a plakala
"Te amo demasiado para ser la causa de tu muerte"
"Miluji tě příliš moc na to, abych byl příčinou tvé smrti"
"Te doy mi promesa de regresar en una semana"

"Slibuji ti, že se vrátím za týden."
"Me has demostrado que mis hermanas están casadas"
"Ukázal jsi mi, že mé sestry jsou vdané"
"y mis hermanos se han ido al ejército"
"a moji bratři šli do armády"
"déjame quedarme una semana con mi padre, ya que está solo"
"nech mě zůstat týden se svým otcem, protože je sám"
"Estarás allí mañana por la mañana", dijo la bestia.
"Budeš tam zítra ráno," řekla bestie
"pero recuerda tu promesa"
"ale pamatuj si svůj slib"
"Solo tienes que dejar tu anillo sobre una mesa antes de irte a dormir"
"Než půjdete spát, stačí položit prsten na stůl."
"Y luego serás traído de regreso antes de la mañana"
"a pak tě před ránem přivedou zpátky"
"Adiós querida belleza", suspiró la bestia.
"Sbohem drahá krásko," povzdechla si bestie
Bella se fue a la cama muy triste esa noche.
kráska šla té noci spát velmi smutná
Porque no quería ver a la bestia tan preocupada.
protože nechtěla vidět bestii tak ustaranou
A la mañana siguiente se encontró en la casa de su padre.
druhý den ráno se ocitla v domě svého otce
Ella hizo sonar una campanita junto a su cama.
zazvonila na zvoneček u její postele
y la criada dio un grito fuerte
a služebná hlasitě zaječela
y su padre corrió escaleras arriba
a její otec vyběhl nahoru
Él pensó que iba a morir de alegría.
myslel si, že umře radostí
La sostuvo en sus brazos durante un cuarto de hora.
držel ji v náručí čtvrt hodiny
Finalmente los primeros saludos terminaron.

nakonec první pozdravy skončily
Bella empezó a pensar en levantarse de la cama.
kráska začala myslet na to, že vstane z postele
pero se dio cuenta de que no había traído ropa
ale uvědomila si, že si nepřinesla žádné oblečení
pero la criada le dijo que había encontrado una caja
ale služebná jí řekla, že našla krabici
El gran baúl estaba lleno de vestidos y batas.
velký kufr byl plný rób a šatů
Cada vestido estaba cubierto de oro y diamantes.
každá róba byla pokryta zlatem a diamanty
Bella agradeció a la Bestia por su amable atención.
kráska děkovala zvíře za jeho laskavou péči
y tomó uno de los vestidos más sencillos
a vzala si jedny z nejprostších šatů
Ella tenía la intención de regalar los otros vestidos a sus hermanas.
ostatní šaty hodlala dát svým sestrám
Pero ante ese pensamiento el arcón de ropa desapareció.
ale při té myšlence truhla s oblečením zmizela
La bestia había insistido en que la ropa era solo para ella.
bestie trvala na tom, že šaty jsou jen pro ni
Su padre le dijo que ese era el caso.
její otec jí řekl, že to tak bylo
Y enseguida volvió el baúl de la ropa.
a hned se zase vrátil kufr oblečení
Bella se vistió con su ropa nueva
kráska se oblékla do nových šatů
Y mientras tanto las doncellas fueron a buscar a sus hermanas.
a mezitím služky šly najít své sestry
Ambas hermanas estaban con sus maridos.
obě její sestry byly se svými manžely
Pero sus dos hermanas estaban muy infelices.
ale obě její sestry byly velmi nešťastné
Su hermana mayor se había casado con un caballero muy

guapo.
její nejstarší sestra se provdala za velmi pohledného gentlemana
Pero estaba tan enamorado de sí mismo que descuidó a su esposa.
ale měl se tak rád, že svou ženu zanedbával
Su segunda hermana se había casado con un hombre ingenioso.
její druhá sestra se provdala za vtipného muže
Pero usó su ingenio para atormentar a la gente.
ale svůj důvtip používal k mučení lidí
Y atormentaba a su esposa sobre todo.
a svou ženu trápil ze všeho nejvíc
Las hermanas de Bella la vieron vestida como una princesa
sestry krásy ji viděly oblečenou jako princeznu
y se enfermaron de envidia
a byli nemocní závistí
Ahora estaba más bella que nunca
teď byla krásnější než kdy jindy
Su comportamiento cariñoso no pudo sofocar sus celos.
její láskyplné chování nemohlo potlačit jejich žárlivost
Ella les contó lo feliz que estaba con la bestia.
řekla jim, jak je s tou bestií šťastná
y sus celos estaban a punto de estallar
a jejich žárlivost byla připravena k prasknutí
Bajaron al jardín a llorar su desgracia
Šli dolů do zahrady plakat nad svým neštěstím
"¿En qué sentido esta pequeña criatura es mejor que nosotros?"
"V čem je to malé stvoření lepší než my?"
"¿Por qué debería estar mucho más feliz?"
"Proč by měla být o tolik šťastnější?"
"Hermana", dijo la hermana mayor.
"Sestro," řekla starší sestra
"Un pensamiento acaba de golpear mi mente"
"Právě mě napadla myšlenka"

"Intentemos mantenerla aquí más de una semana"
"zkusme ji tu udržet déle než týden"
"Quizás esto enfurezca al tonto monstruo"
"možná to rozzuří to hloupé monstrum"
"porque ella hubiera faltado a su palabra"
"protože by porušila slovo"
"y entonces podría devorarla"
"a pak by ji mohl pohltit"
"Esa es una gran idea", respondió la otra hermana.
"To je skvělý nápad," odpověděla druhá sestra
"Debemos mostrarle la mayor amabilidad posible"
"Musíme jí prokázat co nejvíce laskavosti"
Las hermanas tomaron esta resolución
sestry si toto předsevzali
y se comportaron con mucho cariño con su hermana
a ke své sestře se chovali velmi láskyplně
La pobre belleza lloró de alegría por toda su bondad.
ubohá kráska plakala radostí z vší jejich laskavosti
Cuando la semana se cumplió, lloraron y se arrancaron el pelo.
když týden vypršel, plakali a rvali si vlasy
Parecían muy apenados por separarse de ella.
zdálo se, že je jim líto se s ní rozloučit
y Bella prometió quedarse una semana más
a kráska slíbila, že zůstane o týden déle
Mientras tanto, Bella no pudo evitar reflexionar sobre sí misma.
Kráska se mezitím nemohla ubránit reflexi sama sebe
Ella se preocupaba por lo que le estaba haciendo a la pobre bestia.
dělala si starosti, co dělá nebohému zvířeti
Ella sabía que lo amaba sinceramente.
ví, že ho upřímně milovala
Y ella realmente anhelaba verlo otra vez.
a opravdu toužila ho znovu vidět
La décima noche también la pasó en casa de su padre.

desátou noc strávila také u svého otce
Ella soñó que estaba en el jardín del palacio.
zdálo se jí, že je v palácové zahradě
y soñó que veía a la bestia extendida sobre la hierba
a zdálo se jí, že viděla šelmu roztaženou na trávě
Parecía reprocharle con voz moribunda
zdálo se, že ji vyčítal umírajícím hlasem
y la acusó de ingratitud
a obvinil ji z nevděku
Bella se despertó de su sueño.
kráska se probudila ze spánku
y ella estalló en lágrimas
a propukla v pláč
"¿No soy muy malvado?"
"Nejsem moc zlý?"
"¿No fue cruel de mi parte actuar tan cruelmente con la bestia?"
"Nebylo to ode mě kruté, chovat se tak nelaskavě k té bestii?"
"La bestia hizo todo lo posible para complacerme"
"zvíře udělalo vše, aby mě potěšilo"
-¿Es culpa suya que sea tan feo?
"Je to jeho chyba, že je tak ošklivý?"
¿Es culpa suya que tenga tan poco ingenio?
"Je to jeho chyba, že má tak málo důvtipu?"
"Él es amable y bueno, y eso es suficiente"
"Je laskavý a dobrý, a to stačí"
"¿Por qué me negué a casarme con él?"
"Proč jsem si ho odmítla vzít?"
"Debería estar feliz con el monstruo"
"Měl bych být šťastný s tou příšerou"
"Mira los maridos de mis hermanas"
"Podívejte se na manžele mých sester"
"ni el ingenio ni la belleza los hacen buenos"
"ani důvtip, ani krásná bytost je nedělá dobrými"
"Ninguno de sus maridos las hace felices"
"žádný z jejich manželů je nedělá šťastnými"

"pero virtud, dulzura de carácter y paciencia"
"ale ctnost, sladkost nálady a trpělivost"
"Estas cosas hacen feliz a una mujer"
"tyto věci dělají ženu šťastnou"
"y la bestia tiene todas estas valiosas cualidades"
"a zvíře má všechny tyto cenné vlastnosti"
"Es cierto; no siento la ternura del afecto por él"
"Je to pravda; necítím k němu něhu náklonnosti"
"Pero encuentro que tengo la más alta gratitud por él"
"ale zjišťuji, že za něj mám největší vděčnost"
"y tengo por él la más alta estima"
"a velmi si ho vážím"
"y él es mi mejor amigo"
"a je to můj nejlepší přítel"
"No lo haré miserable"
"Neudělám ho nešťastným"
"Si fuera tan desagradecido nunca me lo perdonaría"
"Kdybych byl tak nevděčný, nikdy bych si to neodpustil"
Bella puso su anillo sobre la mesa.
kráska položila prsten na stůl
y ella se fue a la cama otra vez
a šla zase spát
Apenas estaba en la cama cuando se quedó dormida.
sotva byla v posteli, než usnula
Ella se despertó de nuevo y la mañana siguiente.
druhý den ráno se znovu probudila
Y ella estaba muy contenta de encontrarse en el palacio de la bestia.
a byla nesmírně šťastná, že se ocitla v paláci šelmy
Ella se puso uno de sus vestidos más bonitos para complacerlo.
oblékla si jedny ze svých nejhezčích šatů, aby ho potěšila
y ella esperó pacientemente la tarde
a trpělivě čekala na večer
llegó la hora deseada
přišla vytoužená hodina

El reloj dio las nueve, pero ninguna bestia apareció
hodiny odbily devět, přesto se neobjevila žádná šelma
Bella entonces temió haber sido la causa de su muerte.
kráska se tehdy bála, že byla příčinou jeho smrti
Ella corrió llorando por todo el palacio.
běhala s pláčem po celém paláci
Después de haberlo buscado por todas partes, recordó su sueño.
poté, co ho všude hledala, vzpomněla si na svůj sen
y ella corrió hacia el canal en el jardín
a běžela ke kanálu v zahradě
Allí encontró a la pobre bestia tendida.
tam našla ubohou šelmu nataženou
y estaba segura de que lo había matado
a byla si jistá, že ho zabila
Ella se arrojó sobre él sin ningún temor.
vrhla se na něj beze strachu
Su corazón todavía latía
jeho srdce stále tlouklo
Ella fue a buscar un poco de agua al canal.
nabrala trochu vody z kanálu
y derramó el agua sobre su cabeza
a vylila mu vodu na hlavu
La bestia abrió los ojos y le habló a Bella.
zvíře otevřelo oči a promluvilo ke kráse
"Olvidaste tu promesa"
"Zapomněl jsi na svůj slib"
"Me rompió el corazón haberte perdido"
"Bylo mi tak zlomené srdce, že jsem tě ztratil"
"Resolví morirme de hambre"
"Rozhodl jsem se hladovět"
"pero tengo la felicidad de verte una vez más"
"ale mám to štěstí tě ještě jednou vidět"
"Así tengo el placer de morir satisfecho"
"takže mám to potěšení zemřít spokojený"
"No, querida bestia", dijo Bella, "no debes morir".

"Ne, drahé zvíře," řekla kráska, "nesmíš zemřít"
"Vive para ser mi marido"
"Žít jako můj manžel"
"Desde este momento te doy mi mano"
"od této chvíle ti podávám ruku"
"Y juro no ser nadie más que tuyo"
"a přísahám, že nebudu nikdo jiný než tvůj"
"¡Ay! Creí que sólo tenía una amistad para ti"
"Běda! Myslel jsem, že pro tebe mám jen přátelství."
"Pero el dolor que ahora siento me convence;"
"ale smutek, který teď cítím, mě přesvědčuje."
"No puedo vivir sin ti"
"Nemohu bez tebe žít"
Bella apenas había dicho estas palabras cuando vio una luz.
kráska sotva řekla tato slova, když spatřila světlo
El palacio brillaba con luz
palác zářil světlem
Los fuegos artificiales iluminaron el cielo
ohňostroj rozzářil oblohu
y el aire se llenó de música
a vzduch plný hudby
Todo daba aviso de algún gran acontecimiento
vše upozorňovalo na nějakou velkou událost
Pero nada podía captar su atención.
ale nic nemohlo udržet její pozornost
Ella se volvió hacia su querida bestia.
obrátila se ke svému drahému zvířeti
La bestia por la que ella temblaba de miedo
šelma , o kterou se třásla strachem
¡Pero su sorpresa fue grande por lo que vio!
ale její překvapení bylo velké, co viděla!
La bestia había desaparecido
bestie zmizela
En cambio, vio al príncipe más encantador.
místo toho viděla toho nejkrásnějšího prince
Ella había puesto fin al hechizo.

ukončila kouzlo
Un hechizo bajo el cual se parecía a una bestia.
kouzlo, pod kterým připomínal šelmu
Este príncipe era digno de toda su atención.
tento princ byl hoden veškeré její pozornosti
Pero no pudo evitar preguntar dónde estaba la bestia.
ale nemohla se nezeptat, kde ta šelma je
"Lo ves a tus pies", dijo el príncipe.
"Vidíš ho u svých nohou," řekl princ
"Un hada malvada me había condenado"
"Zlá víla mě odsoudila"
"Debía permanecer en esa forma hasta que una hermosa princesa aceptara casarse conmigo"
"Měl jsem zůstat v této podobě, dokud krásná princezna souhlasila, že si mě vezme."
"El hada ocultó mi entendimiento"
"Víla skryla mé porozumění"
"Fuiste el único lo suficientemente generoso como para quedar encantado con la bondad de mi temperamento"
"Byl jsi jediný dostatečně velkorysý na to, aby tě okouzlila dobrota mé povahy"
Bella quedó felizmente sorprendida
kráska byla šťastně překvapena
Y le dio la mano al príncipe encantador.
a podala okouzlujícímu princi ruku
Entraron juntos al castillo
šli spolu do hradu
Y Bella se alegró mucho al encontrar a su padre en el castillo.
a kráska byla nadšená, když našla svého otce na hradě
y toda su familia estaba allí también
a byla tam i celá její rodina
Incluso Bella dama que apareció en su sueño estaba allí.
dokonce tam byla i ta krásná dáma, která se jí objevila ve snu
"Belleza", dijo la dama del sueño.
"krása," řekla paní ze snu
"ven y recibe tu recompensa"

"přijďte a získejte svou odměnu"
"Has preferido la virtud al ingenio o la apariencia"
"dal jsi přednost ctnosti před vtipem nebo vzhledem"
"Y tú mereces a alguien en quien se unan estas cualidades"
"a zasloužíš si někoho, v kom jsou tyto vlastnosti sjednoceny"
"vas a ser una gran reina"
"budeš velká královna"
"Espero que el trono no disminuya vuestra virtud"
"Doufám, že trůn nezmenší tvou ctnost"
Entonces el hada se volvió hacia las dos hermanas.
pak se víla obrátila k oběma sestrám
"He visto dentro de vuestros corazones"
"Viděl jsem uvnitř tvých srdcí"
"Y sé toda la malicia que contienen vuestros corazones"
"A já vím všechnu zlobu, kterou tvé srdce obsahuje"
"Ustedes dos se convertirán en estatuas"
"vy dva se stanete sochami"
"pero mantendréis vuestras mentes"
"ale zachováš si mysl"
"estarás a las puertas del palacio de tu hermana"
"budeš stát u bran paláce své sestry"
"La felicidad de tu hermana será tu castigo"
"Štěstí tvé sestry bude tvým trestem"
"No podréis volver a vuestros antiguos estados"
"nebudeš se moci vrátit do svých bývalých států"
"A menos que ambos admitan sus errores"
"pokud oba nepřiznáte své chyby"
"Pero preveo que siempre permaneceréis como estatuas"
"Ale předvídám, že vždy zůstanete sochami"
"El orgullo, la ira, la gula y la ociosidad a veces se vencen"
"pýcha, hněv, obžerství a lenost jsou někdy poraženi"
" pero la conversión de las mentes envidiosas y maliciosas son milagros"
" ale obrácení závistivých a zlomyslných myslí jsou zázraky"
Inmediatamente el hada dio un golpe con su varita.
víla okamžitě pohladila hůlkou

Y en un momento todos los que estaban en el salón fueron transportados.
a za chvíli byli všichni, co byli v hale, transportováni
Habían entrado en los dominios del príncipe.
odešli do princova panství
Los súbditos del príncipe lo recibieron con alegría.
knížete poddaní přijali s radostí
El sacerdote casó a Bella y la bestia
kněz se oženil s kráskou a zvířetem
y vivió con ella muchos años
a žil s ní mnoho let
y su felicidad era completa
a jejich štěstí bylo úplné
porque su felicidad estaba fundada en la virtud
protože jejich štěstí bylo založeno na ctnosti

El fin
Konec

www.ingramcontent.com/pod-product-compliance
Lightning Source LLC
Chambersburg PA
CBHW011555070526
44585CB00023B/2606